時間會給我們力量，
找回最真實的自己。

逗柴貓關係圖

我們來自四面八方，因為有著相近的頻率，變成了互相陪伴像家人的好朋友。

咪寶小妹
天真浪漫

琦菲姐姐
迷糊傻大姐

琦俊踠哥
憨厚老實

小莉
琦俊好朋友

大家好，我是逗柴貓。

早在9000年前與人類有了接觸，原本只是想來探險一下就回去汪喵星球，但後來發現人類有太多的煩惱、迷惘及憂愁需要我們「陪伴」，所以就決定留下來了。

雖然在這邊沒有很多朋友，但有幾個知心的也夠了，別看我一副很樂觀的樣子，其實我的煩惱也跟你一樣多。

不是我們不夠好，而是社會太現實，人心太複雜。但沒關係，還有我們會默默在你身邊，陪你一起面對殘酷的世界，記得喔！當你累了倦了逗柴貓永遠都會在。

小白
琦菲愛犬

鯊魚先生
咪寶剋星

逗柴貓是？

一群逗留在你身邊，默默陪伴你的毛小孩們。

（請詳閱逗柴貓詳細介紹）

逗號「　」
停留之意。

琦菲 Gifaye

本來是一隻柴犬，因為和人類相處久了慢慢的也就不把自己當狗。天真愛幻想，內心戲很精采，最受不了美食的誘惑，因而減肥計畫屢屢失敗。

| 喜歡吃：雞排 | 愛犬：小白 | 嗜好：照鏡子 | 最討厭：餓肚子 |

琦俊 Gijun

家中唯一的男丁，一隻總擺臭臉的黑柴，個性憨厚老實、沉默寡言，外表雖然看起來又酷又跩，但其實是個心地善良又念舊的超級大暖男，總是默默守護付出。

喜歡吃：漢堡	好友：小莉	嗜好：滑手機	最討厭：被拒絕

咪寶 Mibo

個性活潑外向，充滿好奇心，也是最調皮搗蛋的一員。覺得自己很聰明，喜歡先偷窺別人在做什麼事，再見機行事，每天想盡辦法捉弄琦俊。

喜歡吃：魚	剋星：鯊魚先生	嗜好：鑽紙箱	最討厭：被冷漠

目錄

逗柴貓關係圖 · · · · · · · · 006
大家好，我是逗柴貓。 · · · 007
逗柴貓是？ · · · · · · · · · · 008

小妹咪寶　大聲說 · · · · · · 013
踐哥琦俊　實在話 · · · · · · 036
傻大姊琦菲　貼心話 · · · · 061

我們的故事 · · · · · · · · · 096
　流浪狗 · · · · · · · · · · · 097
　狗窩 · · · · · · · · · · · · 098
　起床 · · · · · · · · · · · · 099
　小助手 · · · · · · · · · · · 100
　心累 · · · · · · · · · · · · 101
　心痛調酒 · · · · · · · · · · 102
　對話 · · · · · · · · · · · · 103
　一個人 · · · · · · · · · · · 104
　夢想 · · · · · · · · · · · · 105
　計畫 · · · · · · · · · · · · 106

量體重 · · · · · · · · · · · · 107
減肥 · · · · · · · · · · · · · 108
落空 · · · · · · · · · · · · · 109
釣魚 · · · · · · · · · · · · · 110
下廚 · · · · · · · · · · · · · 111
生日蛋糕 · · · · · · · · · · · 112
新衣服 · · · · · · · · · · · · 113
名牌包 · · · · · · · · · · · · 114
煩惱 · · · · · · · · · · · · · 115
搭捷運 · · · · · · · · · · · · 116
下雨 · · · · · · · · · · · · · 117
堆城堡 · · · · · · · · · · · · 118
英文單字 · · · · · · · · · · · 119
手機沒電 · · · · · · · · · · · 120
算命 · · · · · · · · · · · · · 121

逗柴貓入侵 · · · · · · · · · 124

後記 · · · · · · · · · · · · · 127

面對未知的未來，
我們一起加油！

小妹咪寶 大聲說

不要怕，天塌下來有我在。

很多害怕其實
都是自己嚇自己

隨著年紀越來越大，懂得越多膽子卻越小，面對未知的未來反而容易怯步，差點忘了小時候那個奮不顧身的自己，跌倒了又如何？再站起來不就好了。

做人戴面具太累了
還是做真實的自己就好

在複雜的世界裡，有時候不得不戴上面具，也許在面具的背後能得到一分安全感，但這一切的假象只是給外人看，做真實的你才是最重要。

不怕對別人付出真心
只怕人家根本不在意

不在意你的人，就算把自己全部都給了
他，人家還是不會當一回事，既然知道
會是這樣的結果，又何必用真心去換回
一身狼狼不堪的自己呢？

明知道氣頭上沒好話
但往往還是往心裡去了

生氣的時候，往往會用最狠的話來傷害
對方，但你能傷害的都是最愛你的人。
話一旦說出口就無法收回，並不是所有
的錯都來得及補救。

不工作一點都不難
難的是....
不工作就活不下去

其實處理工作本身一點都不累，讓人累的
永遠都是在處理人的事，為了生活，我們
只能努力，給自己一個目標，讓自己有動
力繼續前進。

我可以心甘情願的付出
但你不能當成 理所當然

付出的當下，心中都是充滿歡喜，但不應
該變成了別人的理所當然。這世界上沒有
誰天生應該對誰好，願意付出的一方並不
是傻，而是懂的珍惜你這個人。

知道太多反而不快樂
還不如當個快樂的傻子

與其拼命找答案,還不如不要多想、不要
好奇,有時就是知道太多才會搞得自己很
累,就算知道又能改變什麼,還不如當個
與世無爭的傻子還更快樂些。

有些人存在的意義
就是爲了來點醒我們
不要成爲像他那樣的人

每個人都有自己的想法及處世之道，但
總會遇見比較跋扈的人，雖然看不慣他
們所做所爲，但別人的事也管不著，只
能提醒自己，千萬別變成這樣的人。

最可怕的不是壞人
而是表面假裝對你好
背後捅你一刀的人

出社會才發現不是每個人都真心待人，遇到不少人前人後各一套的人，實在不能苟同，只好默默遠離這種人，也警惕自己不要成為他那樣的人。

離開的人越來越多
留下的人就**越重要**

隨著年紀增長，朋友一個一個結婚有了家庭，身邊的人也一個一個離開，真正能陪在身邊的人就越來越少，而他們對我而言也就越來越重要。

再堅強的人還是想要
一個懂得我脆弱的人

如果能依靠，誰又願意堅強？再堅強也有
脆弱的時候不是嗎？堅強的外表底下有多
少苦水與淚水，也希望有人能懂，讓我們
有勇氣繼續往前走。

長大後才發現
情緒藏得越來越深
快樂演得越來越真

習慣把快樂留給別人，卻總是把悲傷留給自己，這樣反而會忘了什麼是真正的快樂，適時的發洩情緒才能吸收更多正能量，我們一起加油吧！

最害怕的是
有目的的接近
深交後的陌生
信任後的背叛

雖然害怕遇到，但還是要敞開心胸去面對，才不會錯過對的人，很多事平常心看待吧！凡事盡力而爲，至少我們努力過，對得起自己就好。

只要不傷害到別人
做自己有什麼不可以

做自己的前提，就是不要傷害自己，更不能傷害到別人，然而，做自己更不是放縱自己為所欲為，而是讓自己做自己喜歡，讓自己更好的人。

想做自己就需要有被討厭的勇氣

做自己，說得容易，但做起來不容易，
與其做個討人喜歡，卻失去自己的人，
還不如做一個自己喜歡的人，雖然有些
人討厭，但也會有人喜歡啊！

無需在意背後講你壞話的人
他們只是想安撫內心的自卑

其實越自卑的人越容易在別人背後說三道四，如果自己夠了解自己，就不會受他們影響，因為時間會證明一切，正所謂的日久見人心。

不要過於主觀的去看待一件事
因為一個形體至少會有兩個面

人往往都是站在自己的角度去看事情，
但很多事情不只有一個面向，怎能肯定
答案只會有一個呢？不妨站在不同角度
看看世界，也許會有意想不到的驚喜。

往往都是等到失去了
才發現自己曾經也擁有過

別人碗裡的飯比較好吃，但卻忽略了自
己碗裡的飯也不差啊！別只顧著看別人
的精采，別忘了！其實我們自己擁有的
也不比別人少呢！

你要怎麼想是你的自由
我要怎麼做是我的權利

別人的嘴我們管不著，要怎麼說也是他的自由，至於相信他的人也不會變成朋友，所以無所謂，重要的是過好自己的生活，別讓那些不重要的人給耽誤了。

事情很簡單
只是人心太複雜

當事情發生了，那就只好想辦法去解決
而已，但人總是喜歡把事情變得複雜，
為了一己私利斤斤計較，讓人與人之間
多了爾虞我詐、勾心鬥角。

比起直接給我答案
更希望陪我一起面對

渴望得到解答的同時，更希望有人能理解
心中的那份孤獨。比起直接給答案，更珍
貴的是能陪伴在身邊的那個人，讓我們的
生命不再只有我，而是我們。

快樂總會結束的時候
難過也會有過去的一天

不管好的還是壞的，終究都會過去，就
看自己怎麼去取捨，可以開心，但不要
得意忘形，可以難過，但別難過太久，
就這樣點到為止就好。

有你陪伴，讓我不再覺得孤單。

對自己喜歡的人
就算做牛做馬也 心甘情願

別因為害怕受傷而不敢付出。即便受傷
了那又如何,至少努力過,傷口過段時
間就會慢慢癒合,一旦錯過了,可能就
再也沒有機會了。

最好的體諒就是
站在彼此的立場去思考

自私沒有錯！人本來就是自私的，先愛自己才有能力去給予，但當你有能力給予的時候，一定要試著站在對方的立場去思考，這樣的相處才能更長久。

不說話不代表沒意見
只是說了也不會改變
還不如閉上嘴巴

有些事盡力了就好，既然改變不了事實，
說再多也是多餘，還不如做些自己喜歡、
讓自己開心的事還更有意義，別把自己困
在死胡同裡了。

碗摔碎了聽得見聲音
心破碎了沒人聽得到

心碎不見得是壞事，何嘗不是一種解脫，與其在悲傷的氛圍中度日子，何不徹底面對自己內心，長痛不如短痛，總會有雨過天青的一天。

沮喪的時候

最需要靜靜聆聽的耳朵

不是講一堆人生大道理

每個人都需要情緒垃圾桶，當憤怒失落的時候更需要一個人能靜靜聆聽、陪伴，讓我暫時逃避一下現實吧！千萬不要跟我講一堆人生大道理啊！

別總是心軟事事替別人擔心
因為人家可能根本沒把你放心上

凡事都替別人擔心，久而久之人家反而
覺得那是理所當然，甚至還嫌太囉嗦！
也許不該事事都替別人著想，又或者是
根本就是把關心放錯對象呢？

當想找個人談心的時候
才發現不知道能找誰聊聊

心情不好想找個人聊聊時，卻發現不知道該找誰說，不是沒有朋友，而是不想麻煩他們，更不想把自己不好的情緒帶給別人，最後只好往肚子裡吞了。

有自信是好事
但自我感覺良好很有事

每個人多少都有些自我感覺良好的因子
，適當的自我感覺良好，可以提升自信
心，但過頭則會變成一種情緒危機，影
響人際關係，也會影響判斷能力。

最折磨人的東西
往往都是最在意的東西

越在意的東西，往往得失心就會越重，
這或許就是折磨人的原因吧！還是平常
心看待會好一些，沒有這麼多的期待，
就不會有那麼多失望的落寞了。

原以為是眼瞎才會看錯人
後來才發現是自己太過心軟

善良是一種選擇，但心太軟老是為別人著想，往往讓人變得理所當然，成了不折不扣的濫好人，也許適時拒絕才是對的，至少問心無愧就好了。

擅於傾聽別人心聲的人
通常不擅長表達自己的內心

有時候並不是不想講，也不是不信任朋友，而是不想讓別人為自己擔心更不希望讓情緒影響別人，覺得自己可以慢慢把這些負面情緒消化掉。

做一個善良的人
不一定要學會忍氣吞聲

每個人都有脾氣，也要有自己的底線，
過於忍氣吞聲息事寧人，有時候反而更
容易被欺負，善良沒有錯，老實也不是
軟弱可欺，要懂得學會勇敢說不！

如果有個人能依靠
又何必要故作堅強

有時候並不是沒有依靠，而是太習慣什麼都自己來，太故作堅強反而錯過那些真心想幫你的人，別讓自己背負太多壓力，適時的找到出口也很重要喔！

不生氣不代表沒脾氣
只是還不夠格讓我動怒

生氣也是要看事情看對象，如果因爲生氣能讓彼此感情更好，那就生氣吧！如果生氣能讓事情變得好轉，那就氣吧！所以啊！別爲了不值得的人動怒！

太過縱容遷就別人
根本只是在為難自己

做人，寬容是一種美德，但無底線的寬容就是縱容，太過遷就別人，只會換回變本加厲的為難，別讓人有得寸進尺的機會，一定要有自己的原則和底線。

關係再好也是有底限
硬要過界就別怪我無情

感情再好再親密,也是需要懂得互相尊重,千萬別輕易的挑戰底線,有時候就是因為太熟了沒有拿捏好分寸,反而讓彼此的關係產生裂痕。

人生就是
經歷過很多的不好
才懂什麼才是真好

沒有經歷過,怎麼懂得分辨好與不好的
差別,不管現在好不好,都不要氣餒,
它會成爲我們的養分,滋養著我們美好
的未來,讓我們更懂得分辨眞的好。

你對我好我也會對你好
對我不好我才懶得理你
就是這麼簡單

還記得小時候在學校交到新朋友的感覺
嗎？其實人與人之間的相處很簡單，就
像一面鏡子，你看我順眼我看你也是如
此，而頻率不同的人就不需理會了。

去哪都無所謂
重要的是與誰同行

跟對的人，不管去哪裡玩都是開心的。
人生也是如此，不管這趟旅程走到哪，
只要人對了，就會覺得是快樂，別讓不
對的人掃了興才好。

快樂不代表無憂無愁
而是選擇不糾結那些不快樂

俗話說:「傻人有傻福!」說得真好,有時候睜一隻眼閉一隻眼就好了,這樣會比較快樂些,事情還沒發生之前就別庸人自擾了,傻傻的過吧!

沒有人能先給我們答案
只有遇到問題才會知道

人生本來就沒有標準答案，也沒有人能
預知未來，會陷入不知道該如何選擇，
是因為對於選擇沒有信心而已，就放手
大膽的去嘗試，答案就會揭曉了。

當你難過的時候，
我可以默默的陪伴，
成為你強大的力量。

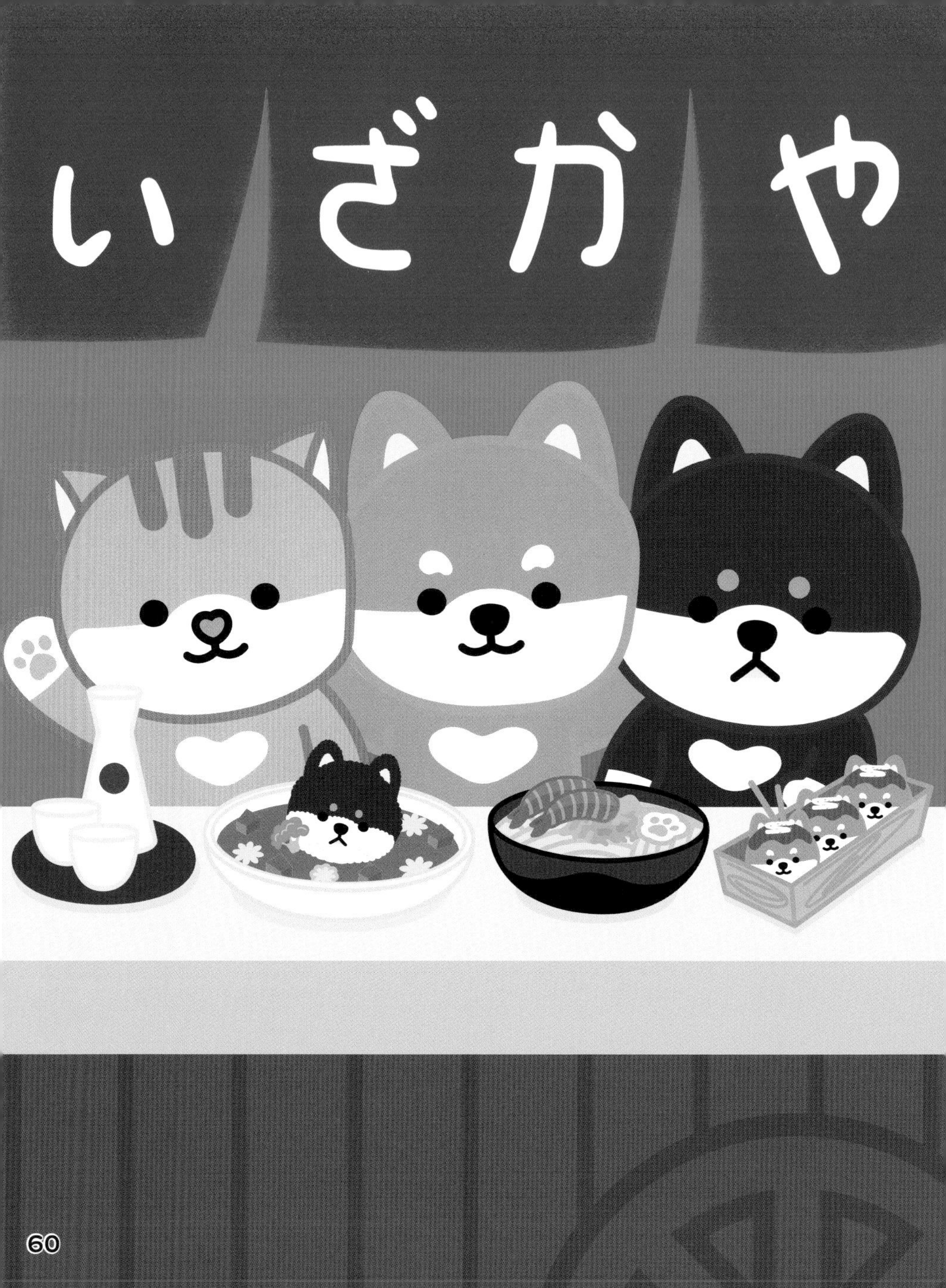
いざかや

傻大姊琦菲 貼心話

覺得冷的時候，我可以帶給你溫暖。

盡量對自己好一點吧！
沒人會把你當成全世界

有時候一不小心就把自己給寄託在別人身上，然後漸漸的失去自我。為什麼不能自私一點，多愛自己一點，讓自己更出色，也讓別人看見我們的價值。

生活已經夠累了
幹嘛在意那些不重要的人
讓自己心更累呢？

不經意的一句話總是讓人走心，剛聽到的
時候難免會不舒服，但然後呢？傷害的人
離開了，剩下努力找回快樂的自己，還不
如越過那個爛泥坑繞道而行。

適時的關心是問候
過度的關心就是一種打擾

每個人都是獨立個體，都有自己的生活與隱私，也都需要自己的空間，過度關心只會變成打擾，有時候保持一點距離，多一點神祕感，反而讓關係更緊密。

你可以關心我
但可不可以不要控制我

關心原本是很棒的事，但有時候當我們用自己的想像，來預設別人的需要時，反而讓關心的本意變質了，倒是更像是管太多，在某種程度上就是一種控制。

嘴巴是最傷人的武器
要毀掉一段關係很簡單
有時候一句話就夠了

說話是一門很深的學問，俗話說：「禍從口出。」說的一點都沒錯，一句話可以讓人覺得溫暖，也可以讓人受傷；毀掉一段關係，往往也只需要一句話。

不要浪費時間在討好
一個不懂欣賞我們的 過客

時間就是要花在美好的人事物上。不願意
花時間了解我們的人終究只是我們人生的
一個過客，人生還有很多值得去追求，就
別浪費自己的青春在無謂的人身上。

鬼有什麼好怕
最可怕的才是人心吧!

不管待人再怎麼真誠,還是會遇到那些勾
心鬥角的事。跟毛小孩相處比較簡單,但
跟人相處有時覺得好累,尤其人心難測,
還是把時間花在對的人身上吧!

長大之後我才發現
並不是每個人都有腦

一樣米養百樣人，說得真對！出了社會之後，最大的收穫就是發現並不是每個人都有腦袋，尤其在工作職場中，最累的永遠不是工作，而是對付無腦的人。

做人就是累啊！
不然怎麼叫人類

真的覺得做人好難，尤其面對「情」字
更難，不管友情、親情還是愛情皆是。
要扮演好每一個角色似乎不大容易，還
是別想太多吧！做最真實的自己就好。

對牠好牠會搖尾巴賴著你
而他就不一定當一回事了

會這麼喜歡毛小孩就是因為跟牠們很單
純，我對牠好，牠也會對我好，就這麼簡
單。而跟人的相處就複雜多了，還是喜歡
簡簡單單就好。

不懂付出的人
才不值得我爲你付出

人與人之間的相處，互相尊重是非常必要的，不需要去計較付出的多寡，更不用去計較公不公平，而付出本來就該不求回報，計較只會讓你越來越不快樂。

不去想不代表沒事了
只是想讓自己好過一點

還沒有去發生的事情，想它幹嘛？而當事情發生了，也不需要執著的鑽牛角尖去想，對吧！別為難自己了，放過自己吧！人生傻傻地過會開心很多。

有時候笑不代表開心
而是一種無奈

人生不就是這樣嗎？笑不代表開心，哭
也不代表就是難過，就算再無奈，還是
要用微笑去面對，因為快樂是一天，難
過也是一天，還不如讓自己好過一點。

生氣根本就是
拿別人來懲罰自己

人家根本沒把你當一回事，就算再生氣
又有什麼意義，只會讓自己不開心，反
倒比較像在懲罰自己。其實都是成年人
了，有事就好好溝通吧！

懂你的人不需要解釋
不懂的人又何必解釋

對我來說，解釋是件很多餘的事，有時候就算解釋了，對不相信的人也只是狡辯。幹嘛讓自己這麼累呢？只要在乎自己愛的人懂就夠了。

早上戴著面具為了求生存
晚上卸下面具因為覺得累

都知道要做自己，但說的倒是容易，做起來可不簡單，不是有句話說：「寄人籬下不得不低頭。」也許這就是生存之道吧！但一直戴著面具真的太累了。

小時候很容易感到快樂
長大後很容易假裝快樂

好希望回到小時候那般單純，想哭就哭、想笑就笑，是多麼美好的一件事，而長大卻要控制自己的情緒，要顧及太多太多事，只能壓抑自己，假裝自己很好。

能不能陪著我長大
但不要教我怎麼長大

很多道理我都懂也知道該怎麼做，只是我要的不是你教我怎麼做，而是陪著我一起面對、一起成長。也許在我的內心深處，依然還住著一個小孩吧！

一句話
可以讓我開心一整天
卻也可以傷透我的心

講話真的是很深的學問，雖然只是一句話，影響力卻不容小覷。我想也許是自己還不夠了解自己吧！才會這麼容易被別人的一句話給左右了。

真正的自由
不是想幹嘛就幹嘛
而是可以不用做不喜歡的事
不理那些討厭的人

可以做自己喜歡的事很棒，但如果可以
不用做自己不喜歡的事就更棒了，尤其
可以不用理會那些討厭的人，這才是真
正的自由，但好像很難實現啊！

嘴裡說放下
心裡卻很難說放就放

花多少時間走進心裡，就需要花加倍的時間才能走出來，甚至可能變成心中永遠的痛。雖然催眠自己該放下了，但真的很難說放就放，只好讓時間沖淡！

我雖然不完美
但至少不虛偽

我可以接受自己不完美，這代表我還有
成長的空間，但我無法接受自己變成一
個虛偽的人，寧可很「真」的活著，也
不要「假裝」活著，這樣實在太累。

安慰別人頭頭是道
自己遇到卻只剩苦笑

每當安慰朋友的時候,總能把事情的癥結點說出來,但當事情發生在自己身上的時候反而亂了分寸,也許這就是當局者迷,旁觀者清吧!只好苦笑帶過了。

想哭就哭吧
又不是雨傘
別總是撐著

長大後學會控制情緒，但壓抑久了卻越來
越累，適時的發洩情緒也是很重要的。別
總撐著，撐久了會生病的，想哭就哭，想
笑就笑吧！

有些事 以為 釋懷了
但 想到 心 還是 會 揪一下

生命中有很多好的不好的，它們都是我們
成長很重要的經歷。有些傷害即使已經過
了很久，但偶然間想到心還是會覺得痛痛
的。

人生最難的就是
平心靜氣的去面對離別

即便我們都知道「天下無不散的筵席」，但是當發生的時候還是很難平常心去面對，也因為這樣，我們更應該珍惜相聚的時刻。

最難接受的就是
把歪理說得頭頭是道的人

這種人真的常常出沒在身邊，都不知道他們的腦袋裝的是什麼，算了！還是別跟他們爭論了吧！不然真的會氣死自己，得不償失啊！不值得！

世界上沒有誰非誰不可
只有誰更珍惜誰而已

世界不會因為沒有了誰就停止運轉，體驗
過失去，才會更懂的什麼是珍惜；珍惜自
己當下所擁有的一切。其實幸福就在身
邊，別等到轉身離去才後悔莫及。

就是因為太在乎
所以才會胡思亂想

在乎一個人，難免會多為他著想，但其實每個人都是個體，也都不是小孩，適時的關心能感受到溫度，但過度的擔心反而是一種壓力。

不愛別人騙自己
卻愛自己騙自己

我們都很討厭被欺騙,但卻很容易自己騙自己,總是會為自己找合理的藉口,因為不想看到赤裸裸的真實,說穿了也只是想讓自己好過一點罷了。

不論幾歲
都要喜歡現在的自己

其實不管幾歲，都有每個年紀的價值與魅力，不論現在幾歲，每個人都值得被珍惜，所有走過的路，修的學分，都可能綻放出令人欣賞的花朵。

活出自己喜歡的模樣
就不怕別人怎麼評價

只要夠清楚自己是誰，就不會擔心別人來定義，因為沒有人能比我們更了解自己，只要活出自己喜歡的模樣，就可以很自在的成為令他人稱羨的榜樣。

我們的故事

心在下雨的時候，
我可以為你撐傘。

流浪狗

外面好冷喔！

快把窗戶關起來吧！

外頭還有好多浪浪
在外面受寒！

我們多幸福啊！

 幸福是比較出來的。

對啊！其實我們擁有的不比別人少。

旅遊雖愉悅，但還是自己的家最溫暖。

雖然亂了點，但亂中有序！哈！

起床

鈴~ 鈴~ 鈴~

關掉繼續睡

吵死了

睡得正舒服~

牠又來叫我起床了

每天叫我起床的不是鬧鐘,而是牠。

甜蜜的負擔,很幸福耶!

99

小助手

我是得力小助手

我會幫你暖床

成為你的...
心情垃圾桶

讓你沒時間...
胡思亂想!!!

毛小孩是我們最好的朋友。

也是我們家人,一定要不離不棄。

「心累」
的時候

那就...
怒吃一波

哭個...
痛快吧!

哭累了~
就可以好好睡了

覺得好累!不是身體的累,而是心累。

適時的發洩情緒,才能繼續前進。

101

心痛調酒

來一杯調酒嗎？

我要一杯心痛調酒

MENU
心痛調酒 $30
長島冰茶 $50
血腥瑪麗 $80

你的調酒做好囉！

果然心痛啊！

根本是白開水

 心痛的感覺不好受吧！

呃，但沒試過怎麼知道有多痛>_<

小白我好羨慕你喔！

不用為錢煩惱

也不用愁吃穿

但我每天擔心你會丟下我

 每個人都有自己煩惱的事情。

也是啦！還是別羨慕別人。

一個人

一個人…
看電視

一個人…
玩電動

一個人喝酒！

都沒一起分享來得開心！

一個人好孤單，有人分享才是幸福。

所以要好好珍惜我喔！

夢想

 夢想其實不遙遠，都是從天馬行空開始。

將來發達了可別忘記我們喔！哈哈！

計畫

這週末去運動減肥吧！

汪～

週五

明天再去好了...

週六

好累喔！

週日

今天不是才禮拜日嗎？

週一

計畫永遠趕不上心情的變化。

那就跟著感覺走吧！呵～

106

 別小看自己，有天搞不好真的變成大人物。

但還是要注意自己的健康啦！哈～

減肥

在幹嘛？

呼～

減肥啊！

但太瘦
就不像你了！

那還是做
獨一無二的我好了

與其取悅別人，還不如為自己而活。

說的一點都沒有錯喔！

落空

我們去吃大餐

我要很喔！

吃多魚！

耶！

好煩喔！超級失望的！

凡事往好處想，快樂就會多一些喔！

 再好的朋友也要互相尊重啊！哼！

對不起啦！下次不會了。

下廚

 有時候就是會做一些蠢事。

沒關係啊！蠢完了，我們就長大了。

111

生日蛋糕

 禮物不在價格的高低，而是心意的多寡。

我的生日包大紅包也很有誠意啊！ㄌㄧㄝ～

新衣服

咪寶你最喜歡那件衣服呢?

哦~那件喔!拿去二手拍賣啦!

你都不會捨不得嗎?

舊的不去

新的不來啊!

衣櫃就像人生,有捨才有得!

哇塞!何時變得這麼有學問了^_^!

名牌包

琦菲你看
這包如何？

名牌包耶！很貴吧！

是有那麼一點點啦！

台灣 LV
麻美麥啊！
（台語）

 不用羨慕別人，適合自己才是最好的。

偶爾對自己好一點也無妨啦！哈哈～

明天的煩惱就交給明天，今天才會更美好。

也是啦！只是有時候就會想很多>_<

 人生只能回頭看，卻無法回頭走。

幸好只是捷運，不然後悔莫及啊！

下雨

 人活就是有很多意想不到的事發生！

與其顧慮太多，倒不如放手一搏。

堆城堡

自己就是最完美的傑作。

有自信，你超棒的！

英文單字

蘋果英文
怎麼唸？

A..P...？
下一題

?

西瓜英文
怎麼唸？

不玩了

哼！

書到用時方恨少吧！

長大後才體悟這句諺語的含意啊！哎～

119

手機沒電

有些事一旦習慣了，就很難戒掉。

別讓科技冷漠了我們的感情好嗎？！

不準不用錢喔！

何時才有女朋友？

你命中注定沒帶桃花

你根本…胡說八道

命運握在自己的手裡，不在別人的嘴裡。

就當作參考就好啦！呵呵～

まめしばねこ

逗柴貓入侵

仔細觀察，你會發現逗柴貓已經入侵到人類的生活了。

（有圖有真相^_^）

有逗柴貓陪伴不再孤單

逗柴貓總是...
讓人覺得好療癒

125

DOG'S MEOW
I'M WITH YOU

後 記

感謝大家閱讀「逗柴貓」的第一本圖文繪本，如果剛好你也喜歡「逗柴貓」，那就太棒了！

不知道你們有沒有發現，每天逗柴貓的心情都偏實際派呢？因為逗柴貓很務實。與其一堆看似鼓勵卻遙不可及、做不到的東西，還不如好好找出那些影響我們的負面來源更實際一些。不管是正面還是負面，它們都同時存在每個人的生活，不需要害怕面對情緒，有發洩才有空間儲存更多正能量。

未來，希望可以繼續跟大家分享更多逗柴貓的心情，給予最好的「陪伴」。能帶給別人溫暖是件很幸福的事，我也很享受做這件事。喜歡這本書的各位，默默支持我的各位，你們是我最強大的後盾，萬分感謝你們！有你們真好，別忘了！常來「琦菲爸の畫匣子」踏踏喔！

琦菲爸 *Qifaye pa.*

逗柴貓の心情
有你陪伴真好

作　　　者／琦菲爸
美 術 編 輯／申朗創意
企畫選書人／賈俊國

總　編　輯／賈俊國
副 總 編 輯／蘇士尹
編　　　輯／高懿萩
行 銷 企 畫／張莉滎‧蕭羽猜

發　行　人／何飛鵬
法 律 顧 問／元禾法律事務所王子文律師
出　　　版／布克文化出版事業部
　　　　　　台北市中山區民生東路二段 141 號 8 樓
　　　　　　電話：(02)2500-7008　傳真：(02)2502-7676
　　　　　　Email：sbooker.service@cite.com.tw
發　　　行／英屬蓋曼群島商家庭傳媒股份有限公司城邦分公司
　　　　　　台北市中山區民生東路二段 141 號 2 樓
　　　　　　書虫客服服務專線：(02)2500-7718；2500-7719
　　　　　　24 小時傳真專線：(02)2500-1990；2500-1991
　　　　　　劃撥帳號：19863813；戶名：書虫股份有限公司
　　　　　　讀者服務信箱：service@readingclub.com.tw
香港發行所／城邦（香港）出版集團有限公司
　　　　　　香港灣仔駱克道 193 號東超商業中心 1 樓
　　　　　　電話：+852-2508-6231　　傳真：+852-2578-9337
　　　　　　Email：hkcite@biznetvigator.com
馬新發行所／城邦（馬新）出版集團 Cité (M) Sdn. Bhd.
　　　　　　41, Jalan Radin Anum, Bandar Baru Sri Petaling,
　　　　　　57000 Kuala Lumpur, Malaysia
　　　　　　電話：+603- 9057-8822　　傳真：+603- 9057-6622
　　　　　　Email：cite@cite.com.my
印　　　刷／韋懋實業有限公司
初　　　版／2020 年 10 月　　　初　　　版／2021 年 1 月 2 刷
售　　　價／300 元

城邦讀書花園
www.cite.com.tw　WWW.SBOOKER.COM.TW